お手軽なのに、きちんとおいしい。

本書は、2016年2月発行「NHKまる得マガジン みそ玉で簡単! 毎日のおかず」テキストをもとに 再構成し、加筆したものです。放送テキストでは ありません。

MARU PETIT

MISODAMA

杉本節子

NHK まる得マガジンプチ

はじめに

　近年、発酵食品が注目されていますが、みそも栄養豊富で健康にもよい発酵食品として、そのよさが見直されてきています。みそに、だしの素となる削り節や薬味などを混ぜて、使いやすく小分けにした「みそ玉」は、ちょっとしたブームにもなりました。

　みそ玉は一種の万能合わせ調味料。自家製のインスタント食品のようなものです。ポンと1コお椀に入れてお湯を注げば、あっという間においしいおみそ汁が完成します。保存がきくので少しねかせれば、コクが出てマイルドな味となり、さらにおいしくなります。また、料理の味付けにも使えるのもみそ玉の魅力です。煮ものに使えば味がピシッと決まる。食材に塗って焼けば、こんがりと香ばしい香りに。バターや牛乳とも相性抜群なので、和風料理だけでなく、洋風料理にも活躍します。

　この本では、だし入りみそと同じ役目をする「基本のみそ玉」から始まって、8種類のみそ玉のバリエーションをご紹介します。それぞれのみそ玉でつくる料理レシピは、驚くほど簡単で、自然なおいしさが味わえます。また、一度にまとめてつくったら、冷蔵・冷凍することも可能。お気に入りのみそ玉を見つけて、つくりおきしておくのもおすすめです。ぜひ、毎日のおかずづくりにみそ玉を活用して、ほっこりとした、そして体によい料理を楽しんでください。

　さぁ、今日からあなたも、みそ玉生活を始めてみませんか。

CONTENTS

はじめに 4

みそ玉ってどんなもの？ 10
みそ玉のみそ 12
みそ玉の削り節・削り粉 14
みそは栄養たっぷりの発酵食品！ 15
みそ玉の保存 16

① 基本のみそ玉 × 汁もの —— 19

つくってみましょう！　基本のみそ玉 20
基本のみそ玉のつくり方 22
わかめのみそ汁 24
豆乳みそスープ 26
　　column　わが家のおだいどこ＆おみそ1　わたしとみそ玉 ... 28
みそ汁に便利な乾燥具材いろいろ 30

② にんにくみそ玉 × 炒めもの — 31

つくってみましょう！　にんにくみそ玉 32
にんにくみそ玉のつくり方 34
みそツナきんぴら 36
簡単ホイコーロー 38
みそえびチリ 40
みそドライカレー 42
　　column　わが家のおだいどこ＆おみそ2　おみそと季節 —— 44

③ 調味料入りみそ玉 × 煮もの — 45

つくってみましょう！ 調味料入りみそ玉 —— 46
調味料入りみそ玉のつくり方 —— 48
かぼちゃのみそ煮 —— 50
さばのみそ煮 —— 52
牛肉と大根とこんにゃくのみそ煮 —— 54
みそクリームシチュー —— 56
　column　わが家のおだいどこ＆おみそ3
　わたしの好きなおみそ汁 —— 58

④ 甘辛みそ玉 × 焼きもの —————— 59

つくってみましょう！ 甘辛みそ玉 —— 60
甘辛みそ玉のつくり方 —— 62
厚揚げの田楽 —— 64
鶏手羽のみそ焼き —— 66
とんかつのみそソースがけ —— 68
　column　わが家のみそおばんざい1
　京のこころ、おばんざい —— 70
　column　わが家のみそおばんざい2
　春のみそおばんざい —— 72

⑤ ねぎ・しょうが入りみそ玉 × 鍋もの ── 73

つくってみましょう！ ねぎ・しょうが入りみそ玉	74
ねぎ・しょうが入りみそ玉のつくり方	76
みそすき焼き	78
白菜と豚バラのみそ鍋	80
みそ鍋からのみそ雑炊	82
ねぎ・しょうが入り白みそ玉のつくり方	83
白みそ石狩鍋	84
column わが家のみそおばんざい3 夏のみそおばんざい	86

⑥ たまみそ玉 × あえもの ── 87

つくってみましょう！ たまみそ玉	88
たまみそ玉のつくり方	90
じゃがいものたまみそあえ	92
ちくわときゅうりのマヨたまみそ添え	94
焼きねぎと油揚げの酢たまみそあえ	96
column わが家のみそおばんざい4 秋のみそおばんざい	98

7 肉みそ玉 × 麺・丼 —————— 99

つくってみましょう！ 肉みそ玉 —————— 100
肉みそ玉のつくり方 —————— 102
肉みそ焼きそば —————— 104
肉みそトマトスパゲッティ —————— 106
肉みそ担々麺 —————— 108
マーボー豆腐丼 —————— 110
　column　わが家のみそおばんざい5
　冬のみそおばんざい —————— 112

8 甘みそ玉 × おやつ —————— 113

つくってみましょう！ 甘みそ玉 —————— 114
甘みそ玉のつくり方 —————— 116
甘みそ焼きもち —————— 118
甘みそフレンチトースト —————— 119
甘みそバターのハムサンド —————— 120
甘みそパンケーキ —————— 122
　column　わが家のみそおばんざい6
　祖母の味 —————— 124

おわりに —————— 126

みそ玉 ってどんなもの?

この本のみそ玉

みそ
100g

削り節
2.5g

または

削り粉
小さじ1〜1½

みそ

プラスするもの

みそはさまざまな種類があり、家庭によっても好みがあるので、みそ玉に使うのはふだん使っているみそでかまいません。ここでは米みそ（辛口・淡色）を使ってつくり方を紹介します*が、塩分などによって分量を調整するとよいでしょう。

プラスするものは、基本はだしの素になる削り節や削り粉。ほかに薬味や、辛み、甘みなどの調味料も。卵黄やひき肉を使うみそ玉もあり、その場合は混ぜるだけでなく、加熱してつくります。

*6章は、甘い白みそをメインに紹介。

「みそ玉」は、ふだん使っている「みそ」に、
「削り節や調味料」など、
身近な材料を混ぜたものを
小分けにして玉にしたものです。

基本のみそ玉

1つの分量

みそ玉は、みそ汁1杯分に相当する分量（8等分）に分けて、玉状にします。ただ、使うみそによって塩分や甘みが違うので、味をみて調整してください。鍋ものなどにたくさん使う場合は、玉にしないで、密封容器にまとめておいても。

みそ玉の みそ

原料別

米みそは大豆に米こうじを、麦みそは大豆に麦こうじを加えてつくります。豆みそは大豆のみを主原料としてつくります。

― 米みそ

全国各地でつくられている。淡色、白、赤、また甘いものや辛口など、多くの種類がある。

― 麦みそ

淡色と赤がある。主な生産地は九州地方と瀬戸内海周辺。比較的、甘口のものが多い。

― 豆みそ

主な生産地は愛知、三重、岐阜など。熟成期間が長く、色、味ともに濃厚。

みそは大豆とこうじ、塩を混ぜ合わせて、発酵、熟成させたもの。
全国に千数百種類もあるといわれていますが、
ここでは大まかに分類し、それぞれ代表的なものを挙げます。
原料や色のほか、甘い、辛いなど「味」による分類もあります。

色別

みその色は、大豆などの原料の種類、大豆を煮るか、蒸すかの違い、こうじの量、発酵の途中でかき回すかどうかなど、さまざまな条件で違ってきます。

― 赤みそ

濃い色が特徴。中京地方の豆みそがよく知られているが、赤い米みそ、麦みそもある。

― 淡色みそ

生産量が多く、産地も広い。主な生産地は関東甲信越、北陸地方などの米みそで、辛口。

― 白みそ

主な生産地は近畿地方とその周辺。関西白みそは米こうじの割合が高く、大豆を蒸さずに、煮てつくる甘みそ。

みそ玉の 削り節・削り粉

この本に出てくるみそ玉は8種類ありますが、
そのうち削り節、削り粉を混ぜるみそ玉は、5種類あります。
削り節と削り粉にはいくつか種類がありますが、
どれを使ってもかまいません。ふだん使いのものでOKです。

― かつお削り節

かつお節だけを削ったもの。血合いを除いたマイルドなものなど、種類がいくつかある。小分けのものは使いきりできて便利。

― 混合削り節

さば節、むろあじ節、そうだがつお節などを削って混ぜたもの。種類や割合はさまざま。大袋が多い。2.5gを量って使う。

― 削り粉

削り節を粉にしたもの。削り節と同様、かつお節だけのかつお削り粉と、混合タイプの削り粉がある。混合タイプにはいわしの煮干し入りのものも。好みのものから小さじ1〜1$\frac{1}{2}$を量って使う。

みそってすごい!

みそは栄養たっぷりの発酵食品!

　日本の伝統的な発酵食品である、みそ。その主原料は、大豆です。大豆はもともと「畑の肉」といわれるほど、良質のたんぱく質を多く含む、栄養価の高い食材です。

　みその主な栄養はこの大豆の栄養ですが、みそがさらに優れているのは、発酵の過程で、もとの大豆にはほとんどないアミノ酸やビタミンなどがたくさん生成されること。そのなかには9種類の必須アミノ酸がすべて含まれていて、ほかにも炭水化物、脂質、ビタミン、ミネラル、食物繊維など、多くの栄養素が含まれています。

　最近はみその健康効果も研究されています。その成分が高血圧予防やコレステロールの低下、老化防止作用など、さまざまな健康面で役立つという説も出されています。

　古来、身近にあってなじみが深く、日本各地でさまざまにつくられ、愛されてきたみそを日々食し、ヘルシーに長生きしましょう。

みそ玉の 保存

冷蔵保存

みそ玉を冷蔵保存する場合は、小分けにしたみそ玉を密封容器に入れて、冷蔵庫へ。どんどん「ふだん使い」しましょう。

◎基本のみそ玉なら、保存の目安は1か月間。

\ point /

何種類かのみそ玉を保存する場合は、内容が分かるようにマスキングテープなどで色分けしておくと便利です！

みそ玉は、冷蔵保存も冷凍保存も、どちらもできます。
保存期間も比較的長めなので、まとめてつくっておくと便利。
保存期間は、みそにプラスする食材により、多少違います。
それぞれのみそ玉のページを参照してください。

冷凍保存

密封できる保存袋に入れて、冷凍庫へ。家庭の冷凍庫ではカチコチには凍らないので、塗り広げることもでき、下記のようにまとめての冷凍保存も可能。使う分だけ取り出せます。

あら、冷凍保存すれば、ずいぶん長もち！

◎基本のみそ玉なら、保存の目安は2〜3か月間。

まとめて保存したいとき

鍋もののときなどにまとめてみそ玉を使う場合は、全量を密封容器に入れ、表面を平らにし、竹串などで8等分に筋をつけておきます。ラップを密着させて、空気に触れないように。

◎本書で使用している計量カップは200㎖、
　計量スプーンは大さじ15㎖、小さじ5㎖です。1㎖＝1ccです。
◎本文中で表示した電子レンジの調理時間は600Wのものです。
　500Wの場合は約1.2倍、700Wの場合は約0.8倍にしてください。

1

基本のみそ玉
×
汁もの

\つくってみましょう！/
基本のみそ玉

みそ ＋ 削り節 または 削り粉

「基本のみそ玉」とは？

「基本のみそ玉」は、だしの素となる削り節や削り粉をみそに混ぜた、使い勝手がよいみそ玉。お椀に入れてお湯を注ぐだけで、みそ汁になります。また、このみそ玉をベースにして、さまざまなみそ玉のバリエーションが楽しめます。

=  × 8

基本のみそ玉

基本のみそ玉のつくり方

ほかのみそ玉のベースにもなるので、
まとめてつくっておくと便利です。
削り節や削り粉は、ふだん使っているものでOK。
1コでみそ汁1杯分です。
つくってすぐより、翌日以降のほうが、
味がなじんでおいしくなります。

材料（つくりやすい分量、8コ分）*

みそ —— 100g
削り節 —— 2.5g（小1袋）、
　または削り粉 —— 小さじ1〜1½
＊みそ汁8杯分に相当。

つくり方

小さめのボウルにみそと削り節、または削り粉を入れる。

2 よく混ぜ合わせて8等分し、1コずつまとめる。

3 ラップにのせて包み、空気を抜くように、ギュッと絞ってテープなどで留める。

保存 冷蔵で1か月間、冷凍で2〜3か月間

基本の
みそ玉

わかめのみそ汁

基本のみそ玉と好みの乾燥具材にお湯を注げば、
即席みそ汁の完成! 自然なやさしい味わいは、
自家製のみそ玉ならではです。

材料(2人分)

基本のみそ玉 —— 2コ
熱湯 —— カップ1½
乾燥わかめ —— 適量
乾燥麩(ふ)(手まり麩など好みのもの)
　—— 適量

王道の乾燥わかめのほかにも、
便利な乾燥具材はいろいろあ
ります(⇨P.30)。ぜひ、さま
ざまに味わって。

つくり方

1. お椀などの器2つにみそ玉をそれぞれ1コずつ入れ、乾燥わかめ、乾燥麩を入れる。

2. 熱湯を半量ずつ注いでかき混ぜ、みそを溶かす。

インスタント食品のような手軽さで、みその風味が楽しめる1杯に。

基本の
みそ玉

豆乳みそスープ

クリーミーな豆乳とみその風味が溶け合って、
コクのある味わいに。
ほっこりと体が温まるスープは、びっくりするほど簡単!

材料（2人分）

基本のみそ玉 — 2コ
豆乳（または牛乳）
　— カップ1½
パセリ（みじん切り）— 適量

つくり方

1. 器2つにみそ玉をそれぞれ1コずつ入れる。

2. 豆乳（または牛乳）は鍋に入れて温め、沸騰直前に火を止めて半量ずつ①に注ぎ入れ、かき混ぜてみそを溶かす。

3. パセリを散らす。

温めた豆乳でみそ玉を溶かすだけで、驚くほど味わい深いスープに!

電子レンジでもつくれます！

耐熱容器2つにそれぞれみそ玉1コずつ、冷たいままの豆乳（または牛乳）半量ずつを入れてラップをする。電子レンジ（600W）に6分間かけて温め、取り出して混ぜ、みそ玉を溶かす。

わたしとみそ玉

column ── わが家のおだいどこ＆おみそ ── 1

　おみそ汁は、日常の食卓に欠かせない汁もの。わたしにとっては、ご飯におみそ汁さえあれば……というくらい食事の献立に欠かせません。だからこそ、手間をかけずにささっとつくれたなら……。そんな思いで日々、工夫を重ねるなかでたどりついたのが、「みそ玉」でした。

　まとめてつくっておけば、時短につながります。バタバタしがちな朝食時はもちろん、帰りが遅くなった日でも、お湯を沸かすだけでおいしいおみそ汁をいただけるのは、とてもありがたいことでした。

　さらにみそ玉を調味料として料理に使ってみると、驚くほど簡単に、深いコクとうまみがプラスされることを発見し、あらためてみその多様性に気づかされました。それからは、いろいろなみそを試し、みそ玉のバリエーション、みそ玉を使った料理レパートリーもどんどんと増えていきました。

　今では、基本のみそ玉＋7種類のみそ玉が、わが家の定番。煮ものや炒めもの、あえもの、鍋ものなど、いろいろなメニューにみそ玉を活用しています。

なかでもわが家のお気に入りは、みそ玉を使った炒めもの。みそ玉を、炒めものの素として重宝しています。とくに、にんにくみそ玉でつくる「みそツナきんぴら」（⇒P.36）は、身近な食材ですぐにつくることができ、食卓に出すと、あっという間になくなります（にんにくが苦手ならば、基本のみそ玉でもつくれます）。

肉のコクが合わさることで料理にボリュームが出せる肉みそ玉を使ったメニューも、家族に大好評。とくに肉みそ担々麺（⇒P.108）は、つくるたびに喜ばれます。

また、意外かもしれませんが、みその風味は、おやつにもおすすめです。甘じょっぱい味わいはどこか懐かしく、手づくりのおいしさに心がホッと和みます。甘みそ玉とバターを合わせた甘みそバターは、サンドイッチ（⇒P.120）はもちろん、クラッカーのディップにしてもおいしいですよ。

おいしさと便利さをあわせ持つみそ玉。まさに、仕事や家事に追われて忙しいときのお助けアイテムです。休みの日などにまとめてつくっておけば、毎日のご飯づくりに大活躍します。

29

乾燥わかめのほかにも……

みそ汁に便利な乾燥具材いろいろ

みそ玉と乾燥具材があれば、いつでもどこでも
すぐにみそ汁が味わえます。
乾燥具材はお湯で戻せるものであれば、何でもOK。

乾燥麩　　　　　乾燥湯葉

あおさのり　　すりごま　　とろろ昆布
　　　　　　（半ずりなど）

ぶぶあられ　　乾燥ねぎ

お弁当にも
みそ玉♪

お弁当にみそ玉を持っていくのもgood！　スプーンなどにのせ、そのままラップをかけて、テープで留めて運びます。マグカップなどに乾燥具材とともに入れ、お湯を注いでかき混ぜれば、ほっこりのランチタイムに。

\ つくってみましょう！/

にんにくみそ玉

基本のみそ玉 ＋ にんにく
（P.22参照）

「にんにくみそ玉」とは?

元気が出る料理といえば、にんにくの風味がきいた炒めものが思い浮かびます。「にんにくみそ玉」は、にんにくのスライスがたっぷり入ったみそ玉。和風、洋風、中国風と、どんな料理にも大活躍。スパイシーな味の料理にもぴったりです。

にんにくみそ玉

にんにくみそ玉の つくり方

にんにく風味の炒めものが、
手間いらずでつくれます。
にんにくは、好みでみじん切りにしても、
すりおろしてもOK。
日にちがたつほどマイルドになるので、
生のにんにくの風味が苦手な人にも。

材料（つくりやすい分量、8コ分）

基本のみそ玉（P.22参照）—— 全量（8コ分）
にんにく（薄切り）—— 1かけ分

つくり方

ボウルに材料をすべて入れる。

2 よく混ぜ合わせて8等分し、1コずつまとめる。

3 ラップにのせて包み、空気を抜くように、ギュッと絞ってテープなどで留める。

保存 冷蔵で2週間、冷凍で1か月間

にんにく
みそ玉

みそツナきんぴら

ごぼうに手軽なツナ缶を合わせた、ピリ辛みそ味。
とうがらしの辛みとにんにくの香り、
みその香ばしさが、食欲をそそります。

材料（つくりやすい分量、4人分）

ごぼう ── 2本（120g）
ツナ（缶詰／油漬け）
　── 小1缶（70g）
A｜にんにくみそ玉
　　── 3〜4コ
　｜赤とうがらし
　　（種を除いて小口切り）
　　── 1本分
　｜酒 ── 大さじ2
　｜みりん ── 大さじ1
サラダ油 ── 大さじ3
白ごま ── 小さじ1

つくり方

1. Aを混ぜ合わせる。ごぼうはピーラーでささがきにし、酢水（分量外）につける。ざるに上げ、紙タオルで水けをよく拭き取る。

2. フライパンにサラダ油を熱し、ごぼうを入れて炒める。しんなりとしたら、ツナを缶の油ごと入れ、Aを加えてほぐす。

3. 水分をとばすようにしながら、中火で2〜3分間炒める。器に盛り、白ごまをふる。

ごぼうはまな板に置いて、ピーラーでささがきにすると簡単！

にんにく
みそ玉

簡単ホイコーロー

甘辛い味の中ににんにくの風味がたって、
ご飯がすすむおかずです。
みそ玉を酒、砂糖と先に合わせておくのがコツ。

材料（2人分）

豚バラ肉（薄切り）─ 100g
キャベツ ─ 2～3枚（150g）
にんじん ─ 30g
こしょう ─ 少々
A │ にんにくみそ玉 ─ 2コ
　│ 酒 ─ 大さじ1
　│ 砂糖 ─ 大さじ2
サラダ油 ─ 大さじ2

つくり方

1. Aを混ぜ合わせる。豚肉は4cm幅に切り、こしょうをふっておく。キャベツは3cm角に切り、にんじんは1cm幅の短冊形に切る。

2. フライパンにサラダ油を熱し、キャベツ、にんじんを入れて炒め、全体がしんなりしたら端に寄せる。

3. フライパンの空いたところに豚肉を入れ、軽く炒める。Aを加え、味をなじませながら全体を炒め合わせる。

> にんにくみそ玉を酒、砂糖と合わせておくと、手早く炒められ、キャベツがシャキッと仕上がり、味もムラなくからみます。

にんにく
みそ玉

みそえびチリ

プリプリのえびと、シャキシャキした
セロリの歯触りがよく合います。
スパイシーな味の中に、みそ特有のこっくりとした味わいが。

材料（2人分）

えび（無頭／殻付き）
　—— 12匹（約150g）
塩・こしょう —— 各少々
かたくり粉 —— 大さじ1
セロリ —— ½本
A｜にんにくみそ玉 —— 2コ
　｜酒 —— 大さじ2
　｜水 —— 大さじ1
　｜トマトケチャップ
　｜　—— 大さじ2
　｜砂糖 —— 大さじ1
サラダ油 —— 大さじ3
B｜ねぎ（みじん切り）
　｜　—— 大さじ2
　｜しょうが（みじん切り）
　｜　—— 小さじ1
　｜赤とうがらし
　｜　（種を除いて縦半分に切る）
　｜　—— 2〜3本分
ごま油 —— 小さじ1

つくり方

1. Aを混ぜ合わせる。セロリは7〜8mm幅の斜め切りにする。

2. えびは尾を残して殻をむき、背中に浅く包丁を入れ、背ワタを取り除く。サッと水洗いして、紙タオルで水けを拭き、塩・こしょうをふる。ポリ袋に入れてかたくり粉を加え、袋をふって全体にまぶす。

3. フライパンにサラダ油を熱し、えびの両面を焼く。セロリとBを加えてサッと炒め、Aを加えて中火で1〜2分間炒める。最後にごま油を回しかけ、器に盛る。

にんにく
みそ玉

みそドライカレー

彩りのいいドライカレーは、
肉も野菜も入った栄養バランスのいい一皿。
にんにくみそ玉は、ウスターソースやカレー粉とも相性抜群。

材料（2人分）

牛ひき肉 — 200g
たまねぎ — 1/6コ
にんじん — 30g
ピーマン — 1コ
コーン（缶詰）— 20g
A | にんにくみそ玉 — 2コ
　 | 酒 — 大さじ1
　 | ウスターソース
　 | — 大さじ1
　 | 砂糖 — 大さじ1
　 | カレー粉 — 大さじ1
サラダ油 — 大さじ2
塩・こしょう — 各少々
ご飯（温かいもの）
　 — 茶碗2杯分

つくり方

1. Aを混ぜ合わせる。たまねぎとにんじんは8mm角に切る。ピーマンもヘタと種を除いて、8mm角に切る。

2. フライパンにサラダ油を熱し、ひき肉を入れて炒め、塩・こしょうをふる。たまねぎ、にんじん、ピーマンを加えて、全体を炒め合わせる。

3. Aを加えて2～3分間炒め、コーンを加える。器に盛ったご飯にのせる。

> ひき肉をポロポロになるまでよく炒め、香ばしさを引き出すのがコツ。

おみそと季節

column｜わが家のおだいどこ＆おみそ｜2

　毎日、食卓に並ぶおみそ汁も、季節によってその味わいはさまざま。昔からいくつかのみそを使い分けたり、合わせたりしていた祖母の影響で、わたしも自然と季節や気候によって、みそを選ぶようになりました。また、京都では料亭や仕出し料理の味も身近に経験できるため、プロの味からも自然と、季節ごとのみそや合わせ方を学んできました。

　わが家では、冬は白みそ（西京みそ）を日々のみそ汁に使うことが多く、まったりとした甘みが、冷えた体においしく感じられます。

　夏になると、八丁みそ（長期熟成させた豆みそ）の出番。はっきりとした味の中に感じる酸味が、夏向きの味わいです。八丁みそにベーシックな豆みそを適宜にブレンドし、味わいを調節するのが、こだわりどころ。豆みそを合わせることで味がまろやかに、また細やかになります。暑さが厳しい日は、なすの冷やしみそ汁にしていただくと、本当においしいですよ。

　そして暑さが和らいでくると、八丁みその割合は減り、ベーシックな豆みそのおみそ汁へと変化していきます。さらに、秋から冬にかけて、白みそをブレンドし始めます。寒くなるにつれ、その割合も増えていきます。

　こんなふうにして、わが家のおみそ汁は、四季折々で、さまざまな表情を見せてくれます。

\ つくってみましょう！/

調味料入り みそ玉

基本のみそ玉
（P.22参照）

＋

砂糖

うす口しょうゆ

酒

「調味料入りみそ玉」とは？

「調味料入りみそ玉」は、合わせ調味料をあらかじめつくっておくのと同じです。砂糖やしょうゆが入ったバランスのいい味は幅広く使えて、特に煮ものにはうってつけ。みそ玉があれば少ない材料でも、煮ものの味が決まります。

調味料入りみそ玉

調味料入りみそ玉の
つくり方

使うみそによって塩分や甘みが違うので、
砂糖としょうゆの分量は加減して。
翌日以降は味がなじんできて、つけみそとしても重宝します。
おむすびにそのままつけたり、焼きおむすびにしてもおいしい。

材料 （つくりやすい分量、8コ分）

基本のみそ玉（P.22参照）── 全量（8コ分）
砂糖 ── 大さじ3
うす口しょうゆ（またはしょうゆ）── 小さじ1
酒 ── 小さじ1

つくり方

ボウルに材料をすべて入れる。

2 よく混ぜ合わせて8等分し、1コ分ずつスプーンにのせる。

3 ラップにのせて包み、空気を抜くように、ギュッと絞ってテープなどで留める。

※ 材料に、砂糖や液体の調味料が加わると、みそ玉がやわらかくなります。スプーンを使うなどして、うまく包んでください。

保存 冷蔵で1か月間、冷凍で2〜3か月間

調味料入り
みそ玉

かぼちゃのみそ煮

調味料入りみそ玉と水だけで味が決まる、
とても簡単な煮ものです。
最初にかぼちゃをゆで、ゆで汁を半分捨ててから、
みそ玉を加えるのがコツ。

材料（2人分）

かぼちゃ —— 1/8 コ（約300g）
水 —— 適量
調味料入りみそ玉 —— 2～3コ

つくり方

1. かぼちゃはワタと種を除き、皮をところどころむいて、3～4cm角に切る。

2. 鍋にかぼちゃを重ならないように入れ、ヒタヒタの水を注ぎ、ふたをして中火にかける。煮立ったら弱めの中火にし、竹串がスッと通るまで約10分間ゆでる。

3. ②のゆで汁を半分捨て、調味料入りみそ玉を加え、菜箸で溶かす。オーブン用の紙などで落としぶたをし、10分間煮る。

かぼちゃは小さめに切ると、短時間で火が通り、味もよくなじみます。

調味料入り みそ玉

さばのみそ煮

材料を全部鍋に入れて煮るだけ!
青魚のさばは、みそでくせを抑えて、
しょうがの風味をきかせると美味。

材料（2人分）

さば（切り身） —— 2切れ
調味料入りみそ玉 —— 2〜3コ
しょうが（薄切り） —— 20g
水 —— カップ¾
酒 —— 大さじ2

つくり方

1. さばは皮に1か所、十文字に切り目を入れる。

2. 鍋にさばを重ならないように並べ入れ、残りの材料をすべて加える。

3. ふたをして中火にかけ、沸騰したら弱めの中火にする。煮汁を回しかけながら5〜6分間煮る。

煮魚はむずかしく思われがちですが、水から煮ても大丈夫です。

調味料入り
みそ玉

牛肉と大根と
こんにゃくのみそ煮

牛肉のうまみが大根やこんにゃくにしみた、
冬ならではの煮もの。
みその風味が、3つの素材の味のまとめ役に。

材料（2人分）

牛バラ肉（切り落とし）— 100g
大根 — 6cm（300g）
こんにゃく — 100g
塩・こしょう — 各少々
A ｜ 調味料入りみそ玉
　　　— 2〜3コ
　　しょうが（薄切り）— 15g
　　水 — カップ1½
練りがらし — 小さじ1
細ねぎ（小口切り）— 適量

（大根は、下ゆでの代わりに電子レンジにかけると、時短が可能。）

つくり方

1. 牛肉は3〜4cm幅に切り、塩・こしょうをふる。こんにゃくはスプーンか手でちぎり、塩少々（分量外）を加えた湯でサッとゆでる。

2. 大根は3cm幅の輪切りにし、皮をむく。大きければ、半分に切る。耐熱容器に並べ入れ、水（分量外）を1cm弱の深さまで加え、ふんわりとラップをして電子レンジ（600W）に5分間かける。

3. 鍋に①、②、Aを入れ、ふたをして中火にかけ、15分間煮る。器に盛り、練りがらしを添え、細ねぎを散らす。

調味料入り
みそ玉

みそクリームシチュー

トロリとした口当たりとやさしい味に、体が芯から温まります。
意外なことに、みそは牛乳と相性抜群！
牛乳の味わいに複雑な風味が加わり、
和洋が融合したおいしさに。

材料（2人分）

鶏もも肉
　— 1枚（200〜250g）
塩・こしょう — 各少々
小麦粉 — 大さじ2
たまねぎ — ½コ
じゃがいも（メークイン）
　— 1コ
にんじん — 80g
ブロッコリー（小房）
　— 6コ
サラダ油 — 大さじ1
水 — カップ1
調味料入りみそ玉
　— 2〜3コ
水溶きかたくり粉
　かたくり粉 — 小さじ1
　水 — 小さじ2
牛乳 — カップ½

つくり方

1. 鶏肉は食べやすい大きさに切り、塩・こしょうをふる。ポリ袋に入れて小麦粉を加え、全体にまぶす。

2. たまねぎはくし形に切り、じゃがいもは6〜8つ割りにする。にんじんは3〜4cm長さに切り、4つ割りにする。ブロッコリーはゆでる。

3. フライパンにサラダ油を熱し、①を入れて両面を焼き、たまねぎを加えて炒める。水、調味料入りみそ玉、じゃがいも、にんじんを加え、ふたをして中火で10分間煮る。

4. 水溶きかたくり粉を加えてとろみをつけ、牛乳を加えてサッと温める。器に盛り、ブロッコリーを添える。

わたしの好きなおみそ汁

column ― わが家のおだいどこ＆おみそ ― 3

　京都には、町じゅうにみそを醸造する蔵や工場があり、そうした老舗の味に信頼を寄せてきました。職人さんの手によって丁寧につくられたみそと、旬の野菜をふんだんに使ったおみそ汁は、それだけで贅沢な一品になります。

　なかでもわたしのお気に入りは、「京揚げと九条葱のみそ汁」と「豆腐とほうれんそうの白みそ汁」。

　今では、年中出回っている九条葱ですが、本来の旬は冬。寒さが厳しくなるにつれ、あん（ぬめり）が増え、グンと甘くなります。おみそ汁に入れるときは、煮えばなに切った九条葱を加え、すぐに火から下ろします。すると、食感を残しながらも、上品な甘さが口に広がります。みそは、米みそなどの淡色系のものが、よく合います。

　また、しんしんと底冷えする真冬につくるのは、白みそのおみそ汁。まったりと甘い白みそに、なめらかな口触りの絹ごし豆腐や冬の野菜、とくにほうれんそうがよく合います。白みそのおみそ汁のベースには、一番だしや濃いだしはかえって白みその味わいの邪魔になってしまうため、あっさりとした昆布だしを使います。

　食材に合わせてみそやだしにこだわるのも、楽しいものです。

\ つくってみましょう！/

甘辛みそ玉

基本のみそ玉 ＋ 砂糖　酒　七味とうがらし
（P.22参照）

「甘辛みそ玉」とは？

「甘辛みそ玉」は、砂糖、酒、七味とうがらしを加えたもの。ピリッとした辛みがポイントです。焼きものがおすすめで、みそがこんがりと焼ける香ばしさには、たまらなく食欲をそそられるはず。煮ものやあえものにも幅広く使えます。

甘辛みそ玉

甘辛みそ玉のつくり方

辛みは好みのものでOK。
粉山椒（ざんしょう）、ゆずこしょう、粗びき黒こしょう、
豆板醤（トーバンジャン）、一味とうがらしなどでも。
七味とうがらしを使うと、複雑な味わいになります。
分量は加減してください。

材料（つくりやすい分量、8コ分）

基本のみそ玉（P.22参照）—— 全量（8コ分）
砂糖 —— 大さじ4
酒 —— 小さじ1
七味とうがらし —— 小さじ2

つくり方

ボウルに材料をすべて入れる。

2 よく混ぜ合わせて8等分し、1コ分ずつスプーンにのせる。

3 ラップにのせて包み、空気を抜くように、ギュッと絞ってテープなどで留める。

※ 材料に、砂糖や液体の調味料が加わると、みそ玉がやわらかくなります。スプーンを使うなどして、うまく包んでください。

保存 冷蔵で1か月間、冷凍で2～3か月間

甘辛
みそ玉

厚揚げの田楽

厚揚げは正方形、長方形と形もさまざまなので、
切り方は自由に。中まで熱くなり、
表面がカリッとなるまで焼くのがコツです。

材料（2人分）

厚揚げ —— 1枚（200g）
甘辛みそ玉 —— 2コ

つくり方

1. 厚揚げは食べやすい大きさに切る。

2. オーブントースター、または魚焼きグリルで片面4〜5分間ずつ（両面焼きの場合は4〜5分間）焼く。

3. 取り出して切り口に甘辛みそ玉を塗り、再びこんがりと焼き色がつくまで1〜2分間焼く。

みそを塗ると焦げやすいので、火加減に注意して。

甘辛
みそ玉

鶏手羽のみそ焼き

甘辛みそ玉と酒でマリネして焼いた鶏手羽先は、
手で持ってかぶりつくのがいちばん！
焼く前に油をからめると、照りよく、こんがりと焼けます。

材料（2人分）

鶏手羽先 —— 8本
ししとうがらし —— 6本
A | 塩 —— 小さじ2/3
　| こしょう —— 少々
　| 甘辛みそ玉 —— 2コ
　| 酒 —— 小さじ1
サラダ油 —— 大さじ1

つくり方

1. 手羽先は先の部分を切り落とす。密封袋に入れてAを順に加えてもみ込み、20分間おく（冷蔵庫で一晩おいてもよい）。

2. ①にサラダ油を加えてからめる。

3. 手羽先を袋から取り出し、魚焼きグリルで片面6分間ずつ（両面焼きの場合は6分間）、両面をこんがりと焼く。途中、切り目を入れたししとうがらしを加え、1分間焼く。

甘辛みそ玉

とんかつのみそソースがけ

みそ玉を使って、まるでお店のような味の
みそソースがつくれます。
洋食にも和食にも合う味です。

材料（2人分）

とんかつ（市販）── 2枚
キャベツ ── 適量
ミニトマト ── 6コ
パセリ ── 適量
みそソース
　甘辛みそ玉 ── 3コ
　酒 ── 小さじ1
　水 ── 大さじ1
　トマトケチャップ ── 大さじ1
　ウスターソース ── 大さじ1
　白ごま ── 小さじ1½

つくり方

1. ボウルにみそソースの材料をすべて入れ、よく混ぜ合わせる。

2. キャベツはせん切りにする。

3. とんかつを切り分けて器に盛り、②、ミニトマト、パセリを添える。とんかつにみそソースを半量ずつかける。

トマトケチャップやウスターソースと混ぜるだけで、本格的な味わいに。子どもが食べる場合は酒を水に代えて。

memo

使い勝手、いろいろ！ みそソース

みそソースはまとめてつくっておくと、冷蔵で2～3週間、冷凍で1か月間保存できる。ハンバーグ、コロッケ、チキンカツ、カキフライ、唐揚げ、蒸し鶏などのおともにも、ぜひ。

京のこころ、おばんざい

column ── わが家のみそおばんざい ── 1

京都の商家では、質素倹約に努め、贅沢を慎んで暮らすことがとても大事で、それを矜持としてきました。「おばんざい」とは、そんなつつましい暮らしのなかではぐくまれた、ごく日常の毎日のおかずのこと。ふだんの飾らないおかずなので、贅沢な食材は使いません。四季折々の滋味に富んだ京野菜を中心に旬の食材や乾物を使い、食材の端っこまで使いきり、つくったものは残らないように食べきる。これらの無駄をなくす工夫を「始末する」という言葉におきかえ、おだいどこ（台所）を預かる女性たちは、食材への感謝の念を込めながら、刻みもんをしたり、煮炊きもんをしたりしてきました。

わたしは、江戸時代から続く京町家の生まれですが、実際に、祖母や母がつくってくれた毎日のおかずは、地味で飾り気はありませんでした。が、そこには、しっかりと始末の精神が息づいていました。

そんな杉本家で代々受け継がれてきた数ある料理のなかでも、今なおとくに大切にしている一品といえば、「おこうこの炊いたん」です。

　「おこうこ」とは、大根を米ぬかと塩だけで漬けた、たくあんのこと。師走も近くなると、わが家では、「おこうこ漬け」の準備を始めます。これは、江戸時代から続く、冬の恒例行事でもあります。一度に１年分を大量に漬け込み、毎食欠かさず食卓に出すのですが、暑い季節を過ぎると、発酵がすすんだおこうこは塩気が強くなっていて、正直、食べにくくなります。
　そんな古漬けとなったおこうこを、おいしく再生するのが「おこうこの炊いたん」。薄く切り、水に放って塩気を抜いたおこうこに、だしじゃこ少々、しょうゆ少々を加えて炊きあげる、まさに始末の一品。食材を最後までおいしく食べきることへの知恵と工夫が凝縮された、京のおばんざいです。

春のみそおばんざい

column｜わが家のみそおばんざい｜2

京都は、とくに季節の移ろいに心を配る土地柄。四季折々、旬の出盛りの食材をたっぷりといただきます。

春ならば、季節の訪れとともに、旬を迎えるたけのこ。京都のたけのこは、「白子」と呼ばれ、色白でやわらかいのが特徴。新鮮なたけのこが手に入ったら、必ずつくる定番料理が、白みそをあえ衣に使った「たけのこの木の芽あえ」です。同じ頃に旬を迎える、うど、木の芽を合わせる、なんとも春を味わいつくす一品。木の芽のピリッとした辛みとみそのコクが、たけのこのおいしさを引き立てます。

たけのこの木の芽あえ ─────

ゆでたたけのこは、穂先から胴のやわらかい部分を使い、短冊切りに。鍋にだし汁とうす口しょうゆ、砂糖、塩、たけのこを加え、煮含める。うどは酢を少々加えた水にさらし、いかはうまみを凝縮させるため、酒少々で炒り煮する。

山椒の新芽である木の芽は、まさに春の薬味。すり鉢に入れてよくすり、みずみずしい香りがたってきたら、白みそ、砂糖、みりん、うす口しょうゆを加え、木の芽みそをつくる。

たけのこ、水けをきったうど、いかと木の芽みそをあえたら完成。さらに木の芽を添えれば、よりいっそう春らしさを感じる一皿に。

\ つくってみましょう！/

ねぎ・しょうが入りみそ玉

基本のみそ玉
（P.22参照）

＋

ねぎ

しょうが

「ねぎ・しょうが入りみそ玉」とは？

薬味がすでに入っているので、そのつど薬味を切らずに済み、鍋ものを手軽につくれる「ねぎ・しょうが入りみそ玉」。一年で最も冷え込む冬の時期は、体がほっと温まる鍋ものが恋しくなりますが、そんなときに大活躍します。

=  × 8

ねぎ・しょうが入り
みそ玉

ねぎ・しょうが入りみそ玉のつくり方

香りのいいねぎとしょうがを
みじん切りにして、みそに混ぜます。
好みで、しょうがはすりおろしてもいいでしょう。
少し日にちがたつと薬味がみそになじんできて、
さらにおいしくなります。

材料 （つくりやすい分量、8コ分）

基本のみそ玉（P.22参照）── 全量（8コ分）
ねぎ（みじん切り）── 大さじ2
しょうが（みじん切り）── 小さじ2

つくり方

ボウルに材料をすべて入れる。

2 よく混ぜ合わせて8等分し、1こずつまとめる。

3 ラップにのせて包み、空気を抜くように、ギュッと絞ってテープなどで留める。

保存 冷蔵で2週間、冷凍で1か月間

ねぎ・しょうが入りみそ玉

みそすき焼き

みそ風味のすき焼きはコクがあって、ご飯が欲しくなる味。
ここでは最初に肉を焼きつける、
関西風のつくり方で紹介します。

材料（2人分）

牛ロース肉（すき焼き用）
　　—— 300g
青ねぎ —— 2～3本
糸こんにゃく —— 100g
A｜ねぎ・しょうが入り
　　みそ玉 —— 2コ
　｜酒 —— 大さじ2
サラダ油 —— 大さじ2
砂糖 —— 大さじ2
卵 —— 2コ

つくり方

1. 青ねぎは3～4cm長さに切り、白い部分は斜め切りにする。糸こんにゃくは塩少々（分量外）を加えた湯でゆで、食べやすい長さに切る。Aをよく混ぜ合わせる。

2. すき焼き鍋（またはフライパン）を軽く熱し、サラダ油の半量を引き、砂糖を鍋底全体にふり入れる。香ばしい香りがしてきたら、牛肉を広げるようにして並べ入れる。

3. Aの半量～2/3量を全体に加え（ⓐ）、片面が焼けたら裏返す。全体にAをからめながら、両面を焼きつける。

4. 牛肉をいったん取り出し、残りのサラダ油を加える。糸こんにゃく、青ねぎの順に入れ、残りのAを加え（ⓑ）、返しながら軽く煮る。牛肉を戻し入れる。各自が卵を溶きほぐした器に取り、卵につけながら食べる。

ねぎ・しょうが入りみそ玉

白菜と豚バラのみそ鍋

うまみのある豚バラ肉と、みずみずしい旬の白菜は相性抜群!
みそ玉にも具にもしょうがが入っているので、
ダブルで体をポカポカに。

材料(2人分)

豚バラ肉(薄切り) —— 200g
白菜 —— 4枚(300g)
しめじ —— 1パック
しょうが —— 20g
昆布(約10cm角) —— 1枚
酒 —— 大さじ2
水 —— カップ2
ねぎ・しょうが入りみそ玉
　—— 4コ

つくり方

1. 豚肉は半分に切る。白菜は4〜5cm角に切り、しめじは石づきを取ってほぐす。しょうがは皮をむいて、薄切りにする。

2. 鍋に昆布を敷き、①を入れ、酒、水を加えて、中火にかける。

3. 沸騰したらアクを取り、ねぎ・しょうが入りみそ玉を加え、2〜3分間煮る。好みで七味とうがらし少々(分量外)をふっても。

鍋の最後は、口当たりのいい雑炊にしましょう!(⇨P.82)

\しめはコレ！/

みそ鍋からの みそ雑炊

80〜81ページ

鍋の最後のお楽しみを
とっくりと味わいましょう。
ご飯の代わりに、おもちやうどんを
入れるのもよいでしょう。

材料とつくり方（2人分）

1. 残ったみそ鍋の煮汁にご飯を茶碗2杯分入れて混ぜ、中火で2〜3分間煮る。水分が足りなければ、水を適量加える。

2. 卵1コを溶きほぐし、①に回し入れ、軽く混ぜて半熟状になったら火を止める。細ねぎ（小口切り）、白ごま各適量を散らす。

\みそ違いもおいしい!/

ねぎ・しょうが入り白みそ玉のつくり方

白みそは淡色みそよりも塩分が少ないので、
いずれも分量を倍にします。

材料（つくりやすい分量、8コ分）

白みそ —— 200g
削り節 —— 5g（小2袋）、
　または削り粉 —— 小さじ2〜大さじ1
A｜ねぎ（みじん切り）—— 大さじ4
　｜しょうが（みじん切り）—— 大さじ1 1/3

つくり方

ボウルに材料をすべて入れ、よく混ぜる。8等分し、1コ分ずつまとめる。ラップにのせて包み、絞ってテープなどで留める。

保存

冷蔵で2週間、冷凍で1か月間

ねぎ・しょうが入りみそ玉

白みそ石狩鍋

みそ仕立ての石狩鍋を、白みそを使った
「ねぎ・しょうが入り白みそ玉(⇨P.83)」でつくりました。
コトコト煮ると、まったりとした味になってよくなじみます。

材料(2人分)

生ざけ(切り身) ── 2切れ
木綿豆腐 ── ½丁(200g)
ねぎ ── 1本
春菊 ── 適量
生しいたけ ── 4枚
A│昆布(約10cm角) ── 1枚
　│水 ── カップ2
　│酒 ── 大さじ2
ねぎ・しょうが入り白みそ玉
　── 4〜6コ

つくり方

1. さけは1切れをそれぞれ半分に切る。豆腐は軽く水きりし、8等分に切る。

2. ねぎは1cm幅の斜め切りにし、春菊は4〜5cm長さに切る。しいたけは石づきを取り、縦半分に切る。

3. 鍋にAを入れて中火にかけ、沸騰したら、ねぎ・しょうが入り白みそ玉を加えて溶かす。①と②を加え、アクを取り、2〜3分間煮て、仕上げる。

夏のみそおばんざい

column | わが家のみそおばんざい | 3

京都は昔から、伝統野菜が豊富な地域。旬の盛りを迎える野菜が出回るのを見て、季節の変化を感じることもしばしばです。

なかでも、夏の到来を感じさせてくれるのが、賀茂なす。京の夏を代表する賀茂なすは、ツヤのある濃い紫色で見た目涼やかな、丸くてずっしりとしたなすです。しっかりとした肉質で、煮もの、揚げびたし、揚げ焼き……その時々の気分に合わせておいしく料理するのも、夏の楽しみの一つとなっています。

なす田楽

賀茂なすは、火を通すと甘さが増し、とろりとした食感に。その醍醐味を堪能するなら、なす田楽がおすすめ。

白みそ、水、みりん、砂糖を鍋に入れて弱火にかけ、田楽みそをつくる。田楽みそは、白みそを使うのが京都風だが、赤みそや淡色みそでも。なすは、ヘタを切り落とし、横半分に切る。切り口にまんべんなく竹串を刺しておくと、火が通りやすくなる。

160℃に温めた多めの油になすの切り口を下にして入れ、揚げ焼きにする。薄く色づいたら、ひっくり返して火を通す。アツアツのなすに、田楽みそをたっぷり塗って器に盛る。すりおろした柚子の皮をのせて食卓に出せば、夏の日のごちそうに。

\ つくってみましょう！/

たまみそ玉

白みそ ＋ 卵黄　砂糖　酒　水

「たまみそ玉」とは?

卵黄が入っているみそ玉です。独特のコクがあり、色も鮮やか。今までのみそ玉と違い、これは卵黄に火を通して仕上げます。ここでは京都でよく使う、甘い白みそを使ってつくったものを主に紹介します。やや甘めのやさしい味で、料理全般に使えて便利です。

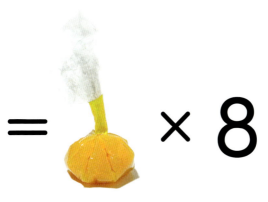

たまみそ玉

たまみそ玉のつくり方

なめらかにつくるコツは、
絶えず混ぜながら、弱火で火を通すこと。
焦がさないように注意して。
ふろふき大根、なすやこんにゃくの田楽などにも。
保存期間はやや短めなので、早めに使いきりましょう。

材料（つくりやすい分量、8コ分）

- 白みそ —— 100g
- 卵黄 —— 1コ分
- 砂糖 —— 大さじ3
- 酒 —— 大さじ1
- 水 —— 大さじ1

つくり方

鍋に材料をすべて入れる。

2 よく混ぜ合わせてから、鍋を弱火にかけ、混ぜながら加熱する。フツフツと沸いてきたら、さらに3分間、絶えず混ぜながら加熱する。へらの跡が残るようになったら、火から下ろす。

3 冷まして8等分し、1コ分ずつスプーンにのせる。ラップにのせて包み、ギュッと絞ってテープなどで留める。

※ 材料に、砂糖や液体の調味料が加わると、みそ玉がやわらかくなります。スプーンを使うなどして、うまく包んでください。

保存 冷蔵で10日間、冷凍で1か月間

たまみそ玉

じゃがいもの たまみそあえ

電子レンジにかけたホクホクのじゃがいもを、
たまみそ玉であえました。
やさしい甘みがじゃがいもとよく合い、
いくらでも食べられそう!

材料（2人分）

じゃがいも（メークイン）
　　── 1コ（180g）
貝割れ菜 ── 適量
たまみそ玉 ── 2コ
水 ── 小さじ1

つくり方

1. 少し大きめのボウルにたまみそ玉を入れ、水を加えて混ぜる。

2. じゃがいもは皮ごとよく洗い、ラップにふんわりと包んで電子レンジ（600 W）に5分間かける。取り出して粗熱を取り、皮をむいて食べやすい大きさに切る。

3. ①のボウルに②を入れてあえる。器に盛り、食べやすい長さに切った貝割れ菜を添える。

味に変化をつけるのもおすすめ！

お好みで、粉チーズや七味とうがらしをふってもよい。チーズ、七味とうがらしともに、みそ味と相性がよく、味のバリエーションが広がる。

たま
みそ玉

ちくわときゅうりの
マヨたまみそ添え

白みそベースのたまみそ玉は、マヨネーズとよく合います。
混ぜ合わせると、あっという間に
おいしいディップのでき上がり。

材料（2人分）

ちくわ —— 3本
きゅうり —— 1本
たまみそ玉 —— 1コ
マヨネーズ —— 大さじ2

つくり方

1. 小さめのボウルにたまみそ玉とマヨネーズを入れ、混ぜ合わせる。

2. ちくわは縦半分に切り、さらに半分の長さに切る。きゅうりは5cm長さに切り、縦4つ割りにする。

3. 器に②を盛り、①を添えて、つけながら食べる。

memo

いろいろな野菜とどうぞ！

セロリ、にんじん、大根などのスティック野菜につけてもおいしい。パーティーの前菜などにもおすすめ。

たまみそ玉

焼きねぎと油揚げの酢たまみそあえ

ねぎは焼くと甘みが増し、油揚げはより香ばしくなります。
みそ玉にお酢とからしをきかせて、
さっぱりとしたあえものに。

材料（2人分）

ねぎ —— 2本
油揚げ —— 40g
A│ たまみそ玉 —— 2コ
　│ 酢 —— 小さじ2
　│ 練りがらし —— 小さじ1/2
サラダ油 —— 小さじ2

つくり方

1. ボウルにAを入れて混ぜ合わせる。ねぎは3〜4cm長さに切る。油揚げは紙タオルにはさんで余分な油を取り、3cm長さに切って1cm幅に切る。

2. フライパンにサラダ油を熱し、ねぎ、油揚げを入れ、こんがりと焼き色がつくまで焼く。

3. ②を①のAに加えてあえる。

白みそ以外のたまみそ玉でつくるのもおすすめ。辛口・淡色のみそのたまみそ玉なら、砂糖のみ大さじ4とし、ほかは白みその場合と同量に。つくり方、保存期間も同じ（⇨P.90）。

秋のみそおばんざい

column｜わが家のみそおばんざい｜4

　秋の深まりとともに感じる、朝晩の肌寒さ。そんなときこそ、アツアツのおみそ汁で体を芯から温めたいもの。そこに旬の野菜が入れば、栄養も残さずいただくことができます。

　とくに、この時期に収穫されるさつまいもやごぼうなどの根菜類は、甘みやコクが豊かで、汁ものにも最適。旬の味覚を存分に楽しめる汁もので、豊穣（ほうじょう）の秋をしみじみ感じるのも、また一興です。

さつまいもとごぼうの豚汁 ———

　さつまいもは、皮の色が濃くてツヤのあるものを選び、厚めの短冊切りに。ごぼうは、ささがきに。

　鍋にだし汁、さつまいも、ごぼうを入れてアクを除きながら、やわらかく煮る。

　豚肉に軽く塩・こしょうをしたら、鍋に加えて火を通す。最後に、みそを溶き入れ、刻んだねぎをちらす。

　今では年中出回っているごぼうも、やはり旬のものは香りもよく、料理に使えばコクが出る。みそのコクとさつまいもの甘さとも相まって、より滋味あふれる1杯に。いろいろ盛り込みすぎないぶん、シンプルに食材のおいしさが味わえるひとしな。

\ つくってみましょう！/

肉みそ玉

「肉みそ玉」とは？

ひき肉を炒めてつくる「肉みそ玉」。これ自体がおかずになるので、炊きたてご飯にのせるだけでも楽しめます。さらに、うまみの素としても大活躍します。さまざまなおかずや麺、丼にプラスすれば、コクが出て、ボリュームもアップ！

=  × 8

肉みそ玉

肉みそ玉の
つくり方

肉のうまみ、炒めたたまねぎの甘み、
しょうがの辛みのバランスがいい味。
みそ以外の材料を炒めるときによく水分をとばすことと、
冷ましてからみそと合わせるのがコツです。
早めに食べきりましょう。

材料（つくりやすい分量、8コ分）

- みそ — 100g
- 合いびき肉 — 100g
- たまねぎ（みじん切り）— 1/6コ分（約30g）
- しょうが（みじん切り）— 小さじ2
- 塩・こしょう — 各適量
- A | 砂糖 — 大さじ1
  | 酒 — 小さじ1
- サラダ油 — 小さじ1

つくり方

フライパンにサラダ油を熱し、たまねぎ、しょうがを入れてしんなりするまで炒める。

ひき肉、塩・こしょうを加えてほぐしながら炒め、Aを加えて水分をとばしながら炒める。

バットなどに広げて、冷ます。

ボウルにみそと③を入れて混ぜ合わせる。8等分して1コ分ずつまとめる。

ラップにのせて包み、空気を抜くように、ギュッと絞ってテープなどで留める。

保存　冷蔵で2週間、冷凍で1か月間

肉みそ玉

肉みそ焼きそば

香ばしく焼けたみその香りがたまらない、
一味違う焼きそばです。
みその香りがたつまで、よく炒めるのがコツ。

材料（1人分）

中華麺（焼きそば用）—— 1玉
キャベツ —— 1/2枚
サラダ油 —— 大さじ1
A｜肉みそ玉 —— 1コ
　｜酒 —— 小さじ1
　｜ウスターソース
　　—— 小さじ1/2
削り節・青のり・紅しょうが
　　—— 各適量

つくり方

1. Aを混ぜ合わせる。キャベツは3cm長さに切り、1cm幅に切る。

2. フライパンにサラダ油を熱し、麺をほぐしながら入れて炒める。キャベツ、Aを加えて炒め合わせる。

3. 器に盛り、削り節と青のりをふり、紅しょうがを散らす。

（1人分ずつ炒めると、麺に味がよくなじみます。）

肉みそ玉

肉みそトマトスパゲッティ

サッと煮ただけのトマトソースなのに
煮込んだようなコクがあるのは、肉みそ玉のマジック。
懐かしいナポリタンのような味わいです。

材料（2人分）

スパゲッティ —— 150g
トマトの水煮（果肉／缶詰）
　—— 100g
トマトの水煮の缶汁
　—— 大さじ2
マッシュルーム —— 4コ
にんにく —— 1かけ
肉みそ玉 —— 2コ
A｜白ワイン —— 大さじ1½
　｜トマトケチャップ
　｜　—— 大さじ2
オリーブ油 —— 大さじ2
パルメザンチーズ（すりおろす）・
　パセリ（みじん切り）
　—— 各適量

にんにくはよく炒めて、香りを引き出して。

つくり方

1. トマトの水煮は1cm角に切り、マッシュルームは石づきを取って薄切り、にんにくも薄切りにする。

2. フライパンにオリーブ油を熱し、①のにんにく、肉みそ玉を炒める。①のトマトの水煮、マッシュルーム、缶汁、Aを加えて混ぜ、2〜3分間煮る。

3. スパゲッティを袋の表示どおりにゆで、ざるに上げて水けをきる。器にスパゲッティを盛り、②をかけ、チーズをふり、パセリを散らす。

肉みそ玉

肉みそ担々麺

「まるでお店のような味」と驚くこと間違いなし!
肉みそ玉があれば、あっという間にでき上がり。
ただ混ぜるだけで、辛みがきいた
うまみたっぷりの味に。

材料（2人分）

中華麺（生）── 2玉
ねぎ ── 適量
A │ 肉みそ玉 ── 4コ
　│ 水 ── カップ2½
　│ 酒 ── 大さじ2
　│ 豆板醤（トーバンジャン）
　│ 　── 小さじ1〜1½
　│ 顆粒チキンスープの素
　│ 　（中国風）── 小さじ1½
　│ 練りごま（白）
　│ 　── 大さじ2〜3
ごま油 ── 少々

つくり方

1. ねぎは斜め薄切りにし、冷水にさらす。ざるに上げて、水けを拭く。

2. 鍋にAを入れて火にかけ、ひと煮立ちさせる。

3. 中華麺を袋の表示どおりにゆで、ざるに上げて水けをきる。器に盛って②を注ぎ、ごま油をたらし、①をのせる。

memo

味の濃淡のカギは練りごま！

練りごまは多めに加えたほうが、濃厚で深い味わいになる。好みで、また気分に合わせて、味の調整を。

肉みそ玉

マーボー豆腐丼

フルフルの絹ごし豆腐の食感と、
ピリ辛味の肉みそがご飯にぴったり!
豆腐の中まで温まるよう、煮て仕上げます。

材料(2人分)

絹ごし豆腐 ── 1丁(300g)
青ねぎ ── 適量
肉みそ玉 ── 2コ
豆板醤(トーバンジャン)
　── 小さじ2
水 ── カップ1
ごま油 ── 大さじ1
水溶きかたくり粉
　かたくり粉 ── 小さじ2
　水 ── 大さじ1
ご飯(温かいもの)
　── 茶碗2杯分

つくり方

1. 豆腐は軽く水きりし、2cm角に切る。青ねぎは小口切りにする。

2. フライパンにごま油を熱し、肉みそ玉、豆板醤を入れて炒め、水、①の豆腐を加え、中火で2〜3分間煮る。

3. 水溶きかたくり粉を加え、とろみをつける。丼に盛ったご飯にかけ、青ねぎを散らす。

豆腐を加えたらくずさないように、フライパンを揺すりながら混ぜるのがコツ。

冬のみそおばんざい

column ｜ わが家のみそおばんざい ｜ 5

冬の京都は本当に寒い、とよく言われますが、お漬物や切り干し大根、ゆべしなどの保存食は、その寒い気候の恩恵を受けた、冬のごちそうです。日もちしない魚の切り身などをみそに漬け込み、保存性を高めた西京漬けも同じ。わが家に欠かせない冬の味です。魚はたらのほか、さわら、さけなど、お好みのものでどうぞ。

たらの西京焼き

秋から冬にかけて旬を迎える、たら。店先でたらの切り身を見かけると、思わずつくりたくなるのが西京焼き。たらはみそ床に漬けておくだけで、身もふっくらジューシーに仕上がる。みそ床は、白みそ、みりん、酒、砂糖を合わせた甘めが、わが家の定番。たらの切り身は、塩をふって冷蔵庫に1時間ほどおいたら、水けを紙タオルで拭き取っておく。

保存容器にみそ床を薄く平らに広げる。その上に少し大きめのガーゼを敷き、たらをのせる。ガーゼを折り返してたらの上に広げ、さらにみそ床を薄く全体にのばす。

ふたをして、冷蔵庫で一晩から丸1日おく（みそ床に漬けるのは、2日間までが目安）。

食べるときは、みそ床からたらを取り出し、焼き網または魚焼きグリルでこんがりと焼く。みその香ばしい風味が、いっそう食欲をそそる一品に。

8

甘みそ玉 × おやつ

\つくってみましょう！/

甘みそ玉

みそ ＋ 砂糖

「甘みそ玉」とは？

みそに砂糖を加えてつくる「甘みそ玉」。みそジャムのような感覚です。和風のイメージが強いかもしれませんが、これが意外なことに乳製品全般と相性がよいのです。バターはもちろんのこと、牛乳と合わせて洋風のおやつにしてもおいしいですよ。

= 甘みそ玉 × 8

甘みそ玉のつくり方

材料はみそと砂糖だけ。
使うみその塩分や好みによって、
砂糖の分量は加減してください。
おしるこやぜんざいに隠し味として入れると、
奥深い味わいになります。
バターと混ぜ合わせて、
トーストに塗るのもおすすめ。

材料（つくりやすい分量、8コ分）

みそ —— 100g
砂糖 —— 大さじ6

つくり方

ボウルに材料をすべて入れる。

よく混ぜ合わせて8等分し、1コ分ずつスプーンにのせる。

ラップにのせて包み、空気を抜くように、ギュッと絞ってテープなどで留める。

※ 材料に、砂糖や液体の調味料が加わると、みそ玉がやわらかくなります。スプーンを使うなどして、うまく包んでください。

保存 冷蔵で1か月間、冷凍で2〜3か月間

甘みそ玉

甘みそ焼きもち

小腹がすいたときなどに、おすすめのおやつです。
甘みそ玉を塗ったおもちは、
こんがり焼くと、香ばしさもひときわ。

材料（2人分）

切りもち —— 2コ
甘みそ玉 —— 1〜2コ
焼きのり（8枚切り）—— 2枚

つくり方

1. 切りもちをオーブントースターでこんがりと焼く。

2. ①に甘みそ玉を塗り、焦がさないように注意しながら、さらに1〜2分焼く。

3. のりを巻いて、器に盛る。

好みで、さらにバターを塗ってもおいしくいただけます。

甘みそ玉

甘みそフレンチトースト

焼き色が何ともおいしそうなフレンチトースト。
時間に余裕があれば、
卵液に食パンを浸す時間を長くすると、よりおいしくなります。

材料（2人分）

食パン（6枚切り）—— 2枚
A　甘みそ玉 —— 1コ
　　卵 —— 2コ
　　牛乳 —— カップ½
バター —— 10g
粉砂糖 —— 適量

つくり方

1. ボウルにAを入れ、泡立て器でよく混ぜ合わせる。

2. 食パンを食べやすい大きさに切り、①に約15分間浸す。

3. フライパンにバターを溶かし、②を入れて両面をこんがりと焼く。器に盛り、粉砂糖をたっぷりふる。

甘さ控えめの味なので、好みではちみつなどをかけても。

甘みそ玉

甘みそバターの
ハムサンド

みそとバターは相性がよく、やみつきになるおいしさです。
バターは有塩、食塩不使用、どちらでもOK。
マスタードを混ぜたり、きゅうりをはさんだりしても。

材料（2人分）

食パン（サンドイッチ用）
　── 4枚
ハム ── 4枚
バター ── 50g
甘みそ玉 ── 1コ
パセリ・きゅうりの
　ピクルス・オリーブ
　── 各適量

つくり方

1. バターは常温に戻し、ボウルに入れてクリーム状になるまでよく混ぜる。さらに甘みそ玉を加え、よく混ぜ合わせる。

2. 食パン4枚の片面に①を塗り広げる。そのうちの2枚にハムを2枚ずつ重ねてのせる。残りの食パン2枚を、①を塗った面を下にしてかぶせ、手で軽く押さえる。

3. 4等分に切り分けて器に盛り、パセリ、ピクルス、オリーブを添える。

甘みそ玉

甘みそパンケーキ

市販のホットケーキミックスを使って、手軽なおやつに。
みそ玉を混ぜた生地は、いつもとは一味違う風味になります。
フルーツはバナナ、キウイ、みかんの輪切りなどでも。

材料
(直径12cmのもの4枚、2人分)

ホットケーキミックス(市販)
　　— 200g
A｜甘みそ玉 — 2コ
　｜卵 — 1コ
　｜牛乳 — カップ¾
サラダ油 — 小さじ2
バター — 適量
メープルシロップ
　(またははちみつ) — 適量
いちご — 2コ

つくり方

1. ボウルにAを入れて泡立て器でよく混ぜ合わせる。ホットケーキミックスを加え、サックリと混ぜる。

2. フライパンを中火にかけ、サラダ油小さじ½を入れて紙タオルでなじませる。熱くなったら、ぬれ布巾の上にフライパンの底を数秒のせ、火に戻す。①の¼量を流し入れて弱火にし、表面にポツポツと穴があいてきたら裏返し、中まで火を通す。

3. 残りの生地も同様に焼く。器に盛っていちごを添え、パンケーキにバターをのせ、メープルシロップをかける。

祖母の味

わたしの祖母は、料理をするのがとても好きな人でした。日々おだいどこ（台所）に立ち、こしらえてくれた料理は、質素でありながらも、どれもおいしく思い出深いものばかりです。

なかでも格別なのが、「泥亀煮」。食欲が落ちる夏場に、よくつくってくれました。なすを亀の甲羅に見立てたもので、格子状に切り目を入れたなすを油で炒め、みそとすりごまを加えただし汁で煮込むこの料理は、とてもコクがあり、夏バテ気味の体に元気をもたらしてくれました。

また、祖母が冬場によくつくっていた「おかずみそ」も懐かしい思い出の味です。白みそ、豆みそに柚子の皮と果汁を搾り込み、水あめと砂糖を加えて煮詰めただけの、ごくシンプルな料理（保存食）ですが、甘めの味付けで、ご飯がどんどんとすすむおいしさ。今でもわが家の食卓の定番です。

祖母がつくってくれた毎日のおかずは、飾らん、気取らん、気張らん料理。四季折々の滋味にあふれた旬の食材や乾物を、無駄なく使いきり、おいしくいただく。見た目は地味めで派手さはないけれども、そんな質素倹約の精神、先人の知恵と工夫がしっかり詰まったふだんのおかず。それこそが、わたしにとって思い出深い「祖母の味」なのです。

column｜わが家のみそおばんざい｜6

なすの泥亀煮

なすはヘタを切り落とし、縦半分に切る。皮に格子状に切り目を入れたら、水に放しアクを抜く。

鍋にごま油を入れて熱し、香りがたってきたら、水けをきったなすを入れ、よく炒める。なすがしんなりしてきたら、だし汁、砂糖、みりん、うす口しょうゆ、すりごまを加え、火にかける。煮立ったら火を弱め、紙ぶたをしてさらに10〜15分間コトコトと煮込む。

八丁みそを煮汁で溶かしながら加え、さらに10〜15分間煮込む。煮汁がほどよく煮詰まってきたら、火を止め、器に盛りつける。

 こっくりとした味の八丁みそが、やわらかく煮込んだなすによく合う。好みで冷やしてもおいしい。

おかずみそ

白みそと豆みその合わせみそを鍋に入れて、水あめと砂糖を少々加え、柚子の皮と果汁を搾り入れる。

火にかけ、焦がさないように木べらでかき混ぜながら煮詰める。冷めたら容器に移し、冷蔵庫で保存する。

 白みそに適宜、豆みそを合わせるのがおいしさのコツ。2種類以上のみそを合わせることで、味わいが複雑になり、おいしさが増す。合わせる割合は好みで。

おわりに

　日頃、わたしがとくに大切にしていることがあります。それは、『もったいない』はおいしさのエッセンスだということ。

　だしのうまみを生かし、素材の持ち味を引き出すようにすれば、食材をたくさん使うような贅沢をせずとも、十分においしい一品がつくれます。毎日、おいしい料理をつくろうと頑張りすぎる必要はありません。

　食材の旬を知り、大切に使いきる。こうした食材を慈しむ心さえあれば、自然と料理はほっこりとしたおいしさを醸し出してくれます。そう、ふだんの何気ない料理ですから、飾らん、気取らん、気張らんくらいがちょうどいいのです。

　みそ玉は、そんなふだんの家庭料理にこそ、活用していただきたい時短アイテムです。みそや乾物など身近な食材を使ってまとめてつくっておくだけ。本書でご紹介しているみそ玉レシピはどれも簡単、そして特別な食材や調味料は必要ありません。

　料理が苦手、忙しくて時間がない……そんな方こそ、まずはみそ玉でみそ汁をつくってみてください。その簡単とおいしさにきっと驚くことでしょう。

　ポンと1コ。それだけで基本のみそ汁にも万能調味料にもなるみそ玉。本書のレシピがみなさまの日々の料理づくりの一助となれば、大変うれしく思います。

杉本節子

(すぎもと・せつこ)

京都市生まれ。料理研究家。短大卒業後、大阪あべのの辻調理師専門学校で学び、東京でフランス料理研究家に師事。料理誌の編集などにも携わる。現在は京都在住。生家は国の重要文化財「杉本家住宅」。公益財団法人「奈良屋記念杉本家保存会」事務局長を務める。京の歳時記や年中行事にまつわる食文化を研究し、簡単でおいしいおばんざいレシピを提案。2015年、京都府立京都和食文化研究センター客員教授に就任。佛教大学では非常勤講師として京都の生活文化を、京都先端科学大学、京都文教短期大学でも京都の食文化を教えている。著書に『NHKきょうの料理 京町家・杉本家の味 京のおばんざいレシピ』(小社刊)、『京町家・杉本家の 京の普段づかい』(PHP研究所)ほか多数。

STAFF

表紙デザイン	北田進吾
本文デザイン	野本奈保子
撮影	蛭子 真
イラスト	紙野夏紀
スタイリング	原 敬子
校正	ケイズオフィス
DTP	ドルフィン
協力	海出正子
進行アシスタント	丸山秀子
編集	鴨志田倫子、保坂恵理子（NHK出版）
撮影協力	公益財団法人　奈良屋記念杉本家保存会
取材協力	みそ健康づくり委員会（P.12-13、15）
協力	NHKプラネット近畿総支社

NHK まる得マガジンプチ

みそ玉

2019年9月20日　第1刷発行

著者	杉本節子
	©2019 Setsuko Sugimoto
発行者	森永公紀
発行所	NHK出版
	〒150-8081　東京都渋谷区宇田川町41-1
	電話　0570-002-140（編集）
	0570-000-321（注文）
	ホームページ　http://www.nhk-book.co.jp
	振替　00110-1-49701
印刷	廣済堂
製本	ブックアート

乱丁・落丁本はお取り替えいたします。
定価はカバーに表示してあります。
本書の無断複写（コピー）は、著作権法上の例外を除き、著作権侵害となります。

Printed in Japan
ISBN978-4-14-033301-3　C2077